# Primary FRENCH 1

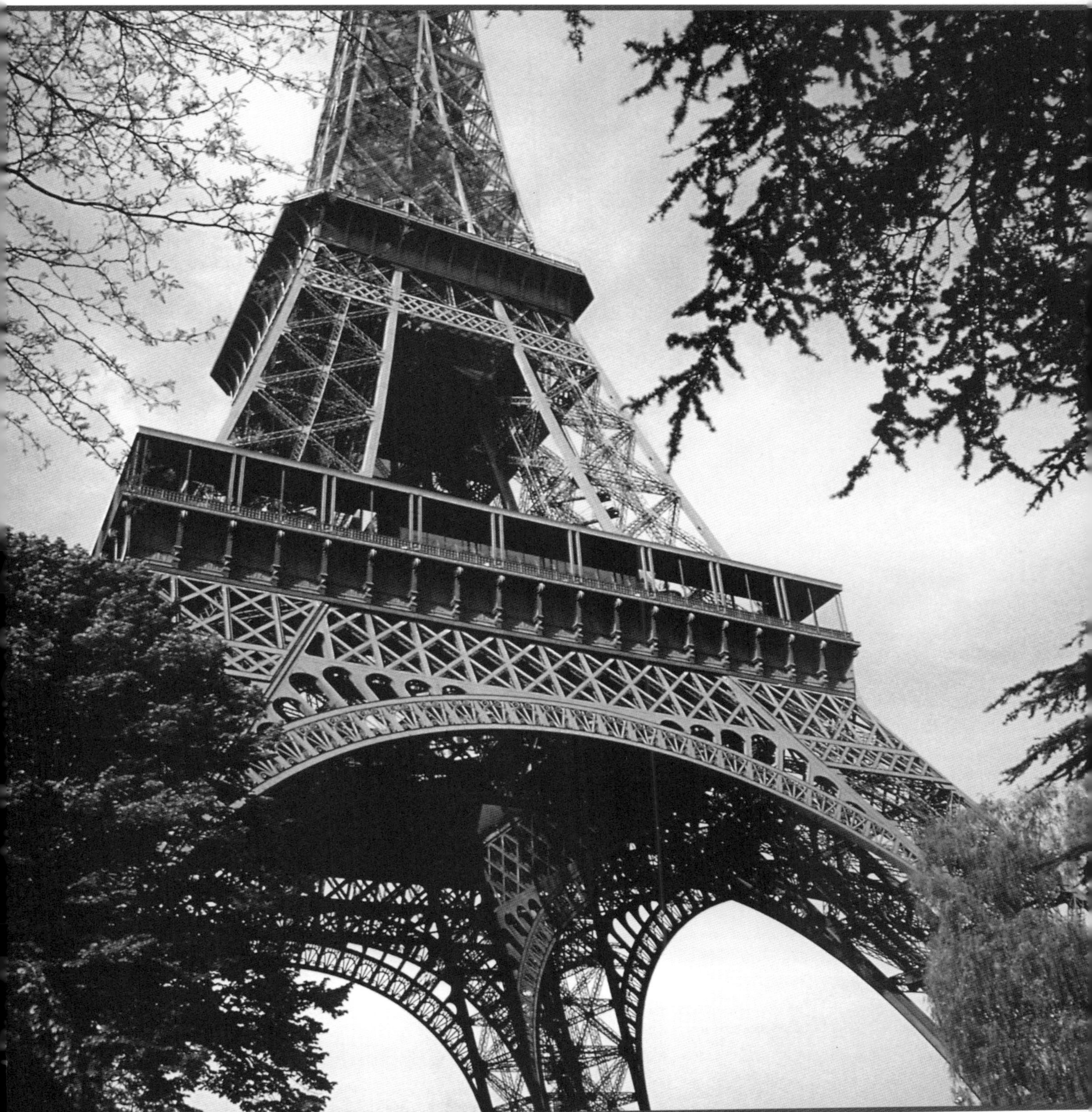

**Helen Orme**

# Contents




© 2004 Folens Limited, on behalf of the author.



UK: Folens Publishers, Apex Business Centre, Boscombe Road, Dunstable, LU5 4RL.
Email: folens@folens.com

Ireland: Folens Publishers, Greenhills Road, Tallaght, Dublin 24.
Email: info@folens.ie

Poland: JUKA, ul. Renesansowa 38, Warsaw 01-905.



Folens allows photocopying of pages marked 'copiable page' for educational use, providing that this use is within the confines of the purchasing institution. Copiable pages should not be declared in any return in respect of any photocopying licence.

Folens publications are protected by international copyright laws. All rights are reserved. The copyright of all materials in this publication, except where otherwise stated, remains the property of the publisher and author. No part of this publication may be reproduced, stored in a retrieval system, or transmitted, in any form or by any means, for whatever purpose, without the written permission of Folens Limited.

Helen Orme hereby asserts her moral right to be identified as the author of this work in accordance with the Copyright, Designs and Patents Act 1988.



Layout artist: Patricia Hollingsworth
Illustrations: Susan Hutchison – Graham-Cameron Illustrations
Cover design: Martin Cross

First published 2004 by Folens Limited.

Every effort has been made to contact copyright holders of material used in this publication. If any copyright holder has been overlooked, we should be pleased to make any necessary arrangements.

British Library Cataloguing in Publication Data. A catalogue record for this publication is available from the British Library.

ISBN 1-84303-529-4

# Introduction

This book is intended to be used as part of an introductory French course for children aged five to eleven. The material follows QCA guidelines.

Children need a great deal of practice with new vocabulary and many of the sheets are designed to be used in a variety of ways, thus giving pupils the chance to concentrate on a limited set of new words.

All the printed material is appropriate to the age and thus instructions are kept to an absolute minimum. It is assumed that the teacher will direct the use of the sheets orally. To put written instructions on the sheets would be likely to cause confusion.

Since oral work is so important in the teaching of a foreign language, as much opportunity as possible has been provided for using these sheets, or parts of them, as an aid to work with a partner or with a small group.

**Writing exercise**

**In pairs**

**Oral and recording work**

**Matching exercise**

**Draw**

**Colour**

**Read**

# Teachers' notes

Possible approaches for using the work sheets.

**Bonjour** **6**

*Primary Modern Foreign Languages SoW – Unit 1*
Pupils complete the conversations using the pictures to name the children. Follow the model to ask others their names, and ask how they are.

**Comment t'appelles-tu?** **7–8**

*Primary Modern Foreign Languages SoW – Units 1, 2*
Copy the pictures onto card and cut out.
Pupils work in pairs. One pupil picks a card and responds to the question
"Comment t'appelles- tu?"
Enlarge the pictures for group use. Hold up a card and ask "Comment s'appelle-t-il/elle?"

Before photocopying write in an age for each picture.
Ask pupils to pick a card – say
"Je m'appelle … J'ai … ans"

Before photocopying write the name of either a French or British town for each picture.
Ask pupils to pick a card – say
"Je m'appelle … J'habite à … ."

Repeat exercise using Il s'appelle … / Elle s'appelle etc.

These pages could also be used with page 11 of Book 2. Use the cards on page 11 of Book 2. One pupil picks a card from this set and one of the name cards. This pupil asks
Comment s'appelle-t-il/elle? Où habite-il/elle?
Partner responds
Il / elle s'appelle … Il / elle habite à … … …
Or one pupil picks cards from both packs and says (name) habite à …

**Ma famille –** **9–11**
**La famille d'Annette Legros** **12**

*Primary Modern Foreign Languages SoW – Unit 3*
**Page 9** Use as a matching exercise – draw lines from the picture to the corresponding phrase.
Copy the sheet onto card and cut out the cards.
Pupils to work in pairs. Give a set to each pupil. One pupil reads card, the other matches it by putting down the correct picture.
**Page 10** Pupils are asked to draw in pictures to represent their own family. Alternatively pupils could draw, and name, members of a fictional family.
Practise giving names of family members.
Ma mère s'appelle … …
Mon frère s'appelle … …

# Teachers' notes

**Page 11** Descriptions of family members.
Pupils will need to understand and be able to use the vocabulary related to simple description - cheveux, yeux plus appropriate colours. It may be more appropriate to use this page as a revision exercise after colours have been introduced.
**Page 12** Complete information in boxes.
This is a much higher level task. The vocabulary used is the same as that on the previous exercises but pupils may need additional support to interpret the family tree. Uncles and aunts are introduced and also ages. Colour coding the sheet e.g. highlighting all the aunts in one colour and uncles in another, may help.

**Tu as un animal?** **13**

*Primary Modern Foreign Languages SoW – Unit 4*
Match the name of the animal with the picture.
Play game with number cards – Number the animal list from 1–12:– Pick a number card and say name of animal. Pick another number card and say J'ai ... (number) (animal)

**Moi** **14–16**

*Primary Modern Foreign Languages SoW – Unit 3*
**Page 14** Pupils should complete the sentences using the information in the vocabulary boxes. Add additional vocabulary boxes if required. Use after Unit 4 to revise previous work.
**Page 15** Pupils should complete the sentences about the characters shown.
Work with a partner to record information about each other.
**Page 16** Interview other pupils and record their answers. Pupils will need to have been introduced to animal names or could leave out this section for later completion. Use this as a model for an end of unit activity.

**Les numéros** **17–28**

*Primary Modern Foreign Languages SoW – Units 1, 2, 3, 4, 5*
**Page 17** Match the correct word with the number on the dice. Then write in the number for each die shown below.
**Page 18** Do the sums. Write in the word answer. Pupils should count the number of objects and write in the correct word. Check understanding of vocabulary.
Draw, or find, pictures showing a number of objects and write captions using the worksheet as a model.
**Page 19** Count the number of objects in the picture. Complete the sentences using the correct word. Check understanding of vocabulary.
Match each person with their house and write the number word in the sentence.
**Page 20** Match the word with the correct digit. Write the words in the boxes in the right order.
**Pages 21–26** *(Unit 2)*
Copy the sheets onto card and cut out. Divide into a pile of digit cards and a pile of word cards. Use to play a game of 'snap'. Pupils say the word when they place the card.
Use for oral work with groups of 3 pupils. One pupil has the set of digit cards. This pupil picks a card and shows it to the other two. One says the name aloud as the other checks with the vocabulary box (p 25). These cards could be enlarged for display.
**Page 27**
Activity 1: Match the words with the digits.
Activity 2:
1. The teacher says the number and pupil ticks the correct box.
2. The teacher writes (or says) an appropriate sum – in words and the pupil writes the sum – in digits – in the correct space.
   e.g. dix-sept moins deux
   vingt plus neuf
3. Pupils write in the correct word for the number.

**Page 28** Pupils are asked to count or calculate the totals shown in each picture and to write the answer in words.

# Teachers' notes

**Lotto** **29**

Group work for up to five pupils. Copy the page and cut out blank lotto sheets. Four pupils each fill in a card with numbers of their choice. Limit the numbers as required e.g. use numbers to twelve, use numbers between 10 and 20. The remaining pupil calls numbers at random using the list in the vocabulary box. Pupils tick off numbers if they appear on their card. The winner is the first person to tick off all numbers.

**Les jours de la semaine** **30**

*Primary Modern Foreign Languages SoW – Units 2, 5*
Copy the page onto card and cut out the day cards. Give pupils the cards and ask them to sort into the correct order.
Complete the list of days in the correct order using the cards if pupils need to.
Use the days cards with the number cards (pages 17,19,20).
Work in pairs. One pupil picks a card from each set. The other asks
"Quelle est la date de ton anniversaire?"
The response is "La date de mon anniversaire est …"

**Quel temps fait il?** **31–33**

*Primary Modern Foreign Languages SoW – Unit 2*
**Page 31** Match the weather phrase with the picture. Copy and cut out the pictures and use these to create a weather record for a week.
**Pages 32–33** Choose the right words from the vocabulary box to complete the sentences.

**Les couleurs** **34–35**

*Primary Modern Foreign Languages SoW – Unit 3/4*
Pupils colour the articles/animals as given.

**Les mois/La date** **36–38**

*Primary Modern Foreign Languages SoW – Unit 3/5*
**Page 36** Fill in the names of the months as appropriate.
**Page 37** Match the months with the pictures. Pupils should interview others in the class and ask the day and month of their birthday.
**Page 38** Identify the characters – write the day and month of their birthday in the box.

**Ma maison/Où sont-ils?** **39–47**
**Dans ma chambre**

*Primary Modern Foreign Languages SoW*
**Page 39** Pupils should match the picture with the correct room either by drawing a line to the right place or by cutting out the picture and placing it correctly.
Pupils could work in pairs. One should say the name of the room and the other pick the correct picture.
**Page 40** Pupils are asked to draw a picture of their home. They should then fill in the correct words to complete the sentences. They should then use these sentences to model a description of their own home.
**Page 41** Pupils should match the character pictures to identify which room each character can be found in. They should then complete the sentences. This could also be done as an oral exercise with one pupil posing the question
"Où est … ?"
**Page 42** This sheet revises number as well as introducing various items which children find in the home. Ensure that they understand all the relevant vocabulary.
**Page 43** Pupils should match the word with the picture.
**Page 44** Pupils should match the word with the picture.
**Pages 45–46** Pupils list the items they can see in the picture. Alternatively highlight a selection of the items in the vocabulary box and ask pupils to draw a line to the pictured item.
**Page 47** Pupils interview others in the class and ask what items they have in their bedrooms.

# Bonjour

Je m'appelle Lucien.

Je m'appelle Stacey.

Je m'appelle Héloise.

Je m'appelle Sean.

© Folens (copiable page)

# Comment t'appelles-tu?

Michel

Phillipe

Marie

Georges

Hélène

Christophe

Héloise

Janine

Robert

# Comment t'appelles-tu?

Étienne

Lucie

Nicole

Alain

Jeanne

Annette

Jean-Luc

Suzanne

Marc

© Folens (copiable page)

# Ma famille

J'ai deux soeurs.

J'ai une soeur.

J'ai deux frères.

Je suis enfant unique.

J'ai un frère.

# Ma famille

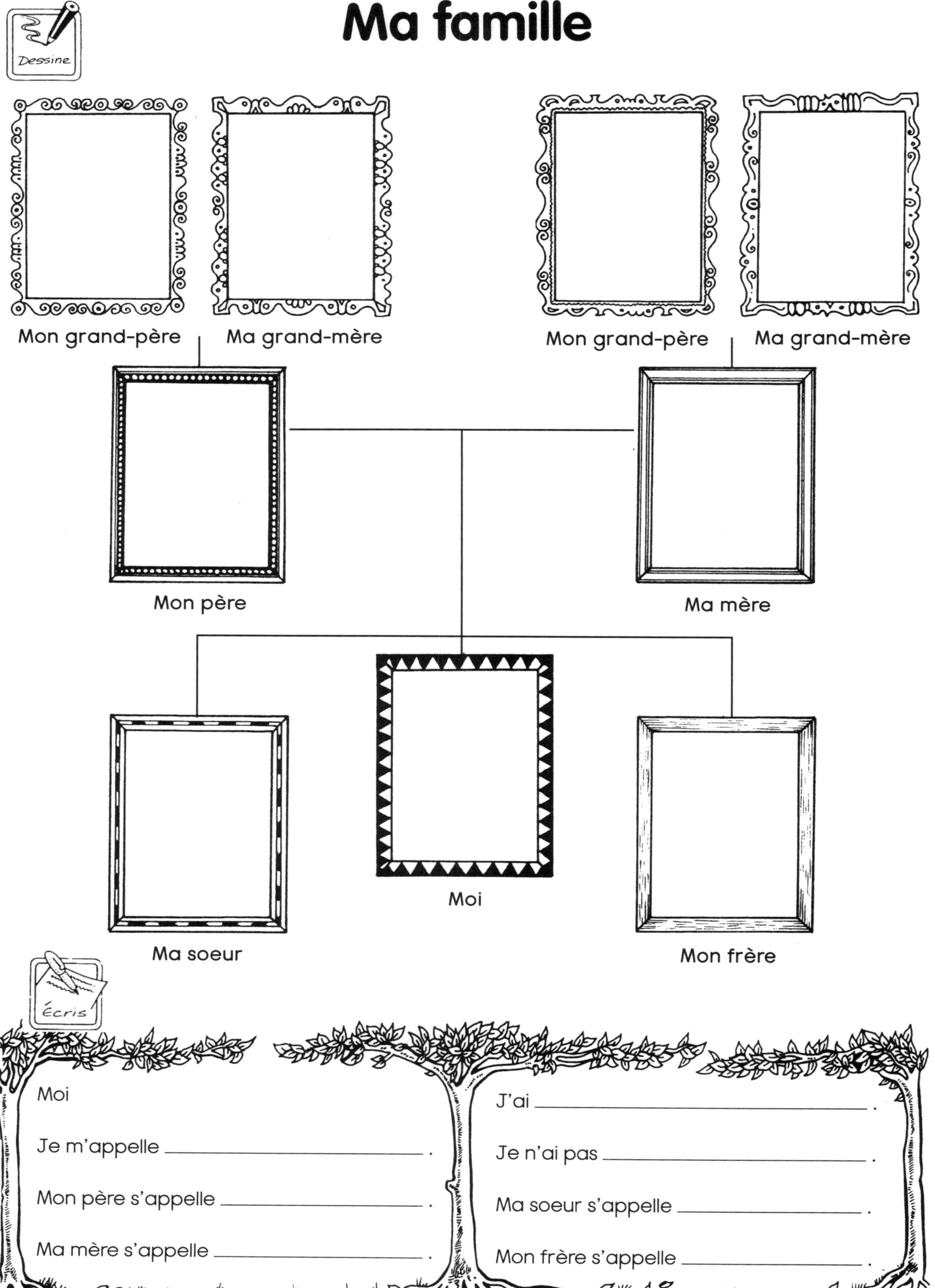


 © Folens (copiable page)

# Ma famille

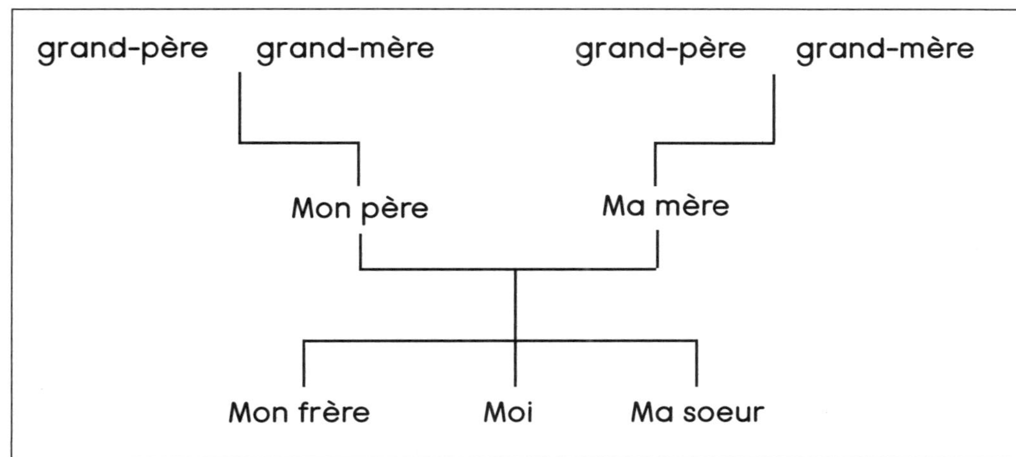


Dessine

Je m'appelle ______________________ .

J'ai ______________________ ans.

J'ai les cheveux ______________________ .

J'ai les yeux ______________________ .

Je mesure ______________________ .

J'ai ______________ frère ________ .

J'ai ______________ soeur ________ .

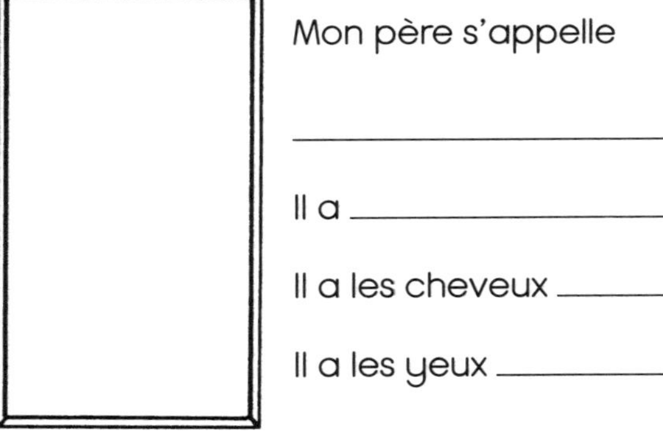

Mon père s'appelle

______________________

Il a ______________ ans.

Il a les cheveux ________ .

Il a les yeux ________ .

Mon frère s'appelle

______________________ .

Il a ______________ ans.

Il a les cheveux ________ .

Il a les yeux ________ .

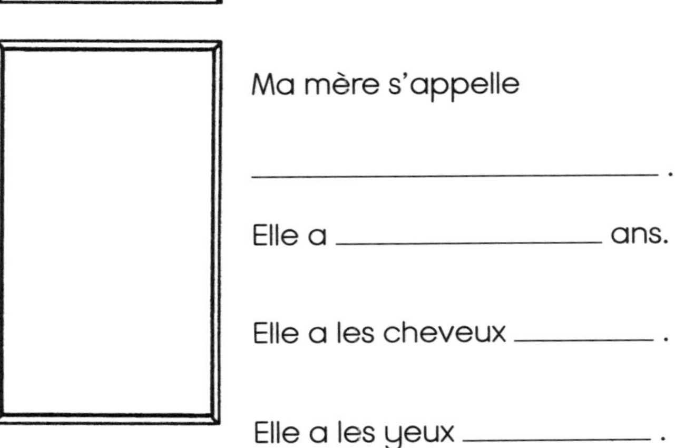

Ma mère s'appelle

______________________ .

Elle a ______________ ans.

Elle a les cheveux ________ .

Elle a les yeux ________ .

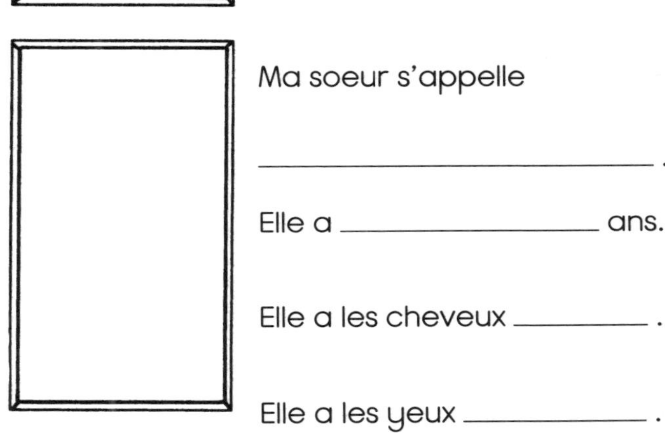

Ma soeur s'appelle

______________________ .

Elle a ______________ ans.

Elle a les cheveux ________ .

Elle a les yeux ________ .

© Folens (copiable page)

# La famille d'Annette Legros

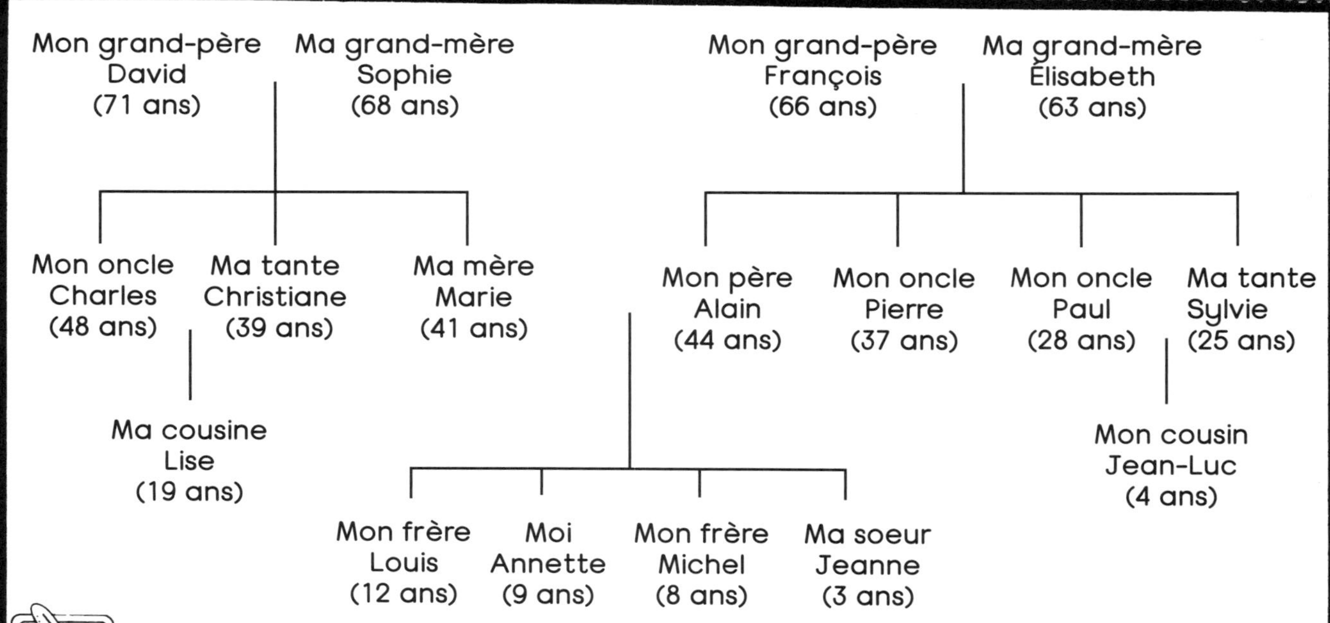

Mon grand-père David (71 ans) — Ma grand-mère Sophie (68 ans)

- Mon oncle Charles (48 ans) — Ma tante Christiane (39 ans)
  - Ma cousine Lise (19 ans)
- Ma mère Marie (41 ans)

Mon grand-père François (66 ans) — Ma grand-mère Élisabeth (63 ans)

- Mon père Alain (44 ans)
- Mon oncle Pierre (37 ans)
- Mon oncle Paul (28 ans) — Ma tante Sylvie (25 ans)
  - Mon cousin Jean-Luc (4 ans)

Ma mère Marie et mon père Alain :

- Mon frère Louis (12 ans)
- Moi Annette (9 ans)
- Mon frère Michel (8 ans)
- Ma soeur Jeanne (3 ans)

Écris

Je m'appelle ______________________ .

J'ai ______________________ ans.

Mon père s'appelle ______________________ .

Il a ______________________ ans.

Ma mère s'appelle ______________________ .

Elle a ______________________ ans.

Mon cousin Jean-Luc a ______________ ans.

Ma cousine Lise a ______________ ans.

Ma tante Christiane a ______________ ans.

Mon oncle Paul a ______________ ans.

J'ai __________ soeur et __________ frères.

Mon frère s'appelle ______________________ .

Il a ______________________ ans.

Mon frère s'appelle ______________________ .

Il a ______________________ ans.

Ma soeur s'appelle ______________________ .

Elle a ______________________ ans.

J'ai ______________________ oncles.

Ils s'appellent ______________________ ,

______________________

et ______________________ .

J'ai ______________________ tantes.

Elles s'appellent ______________________

et ______________________ .


© Folens (copiable page)

# Tu as un animal?

J'ai

un chien

un cheval

une vache

un cochon

un lapin

une souris

un poisson

un oiseau

une poule

un cochon d'Inde

un hamster

un chat

# Moi

Je m'appelle ______________________________ .

J'ai les cheveux ______________________________ .

J'ai les yeux ______________________________ .

Ma couleur préférée est ______________________________ .

blonds
verts
noirs
bleus
bruns

Ma famille

______________________________

______________________________

______________________________

______________________________

Je suis enfant unique.
J'ai un frère.
J'ai deux frères.
J'ai une soeur.
J'ai deux soeurs.

J'habite à ______________________________ .

C'est ______________________________ .

en ______________________________

______________________________ .

un village
une ville
Angleterre
France

Mes animaux

J'ai ______________________________

______________________________

______________________________

______________________________

______________________________

un chien
un lapin
un chat
un oiseau
un cheval


© Folens (copiable page)

# Moi

Jeanne

| Je m'appelle Jeanne. | J'ai douze ans. | J'habite en Angleterre. | J'ai deux frères et une soeur. |
|---|---|---|---|

Michelle

Je m'appelle ____________________ .

J'ai ______________________ ans.

J'habite en ____________________

____________________________ .

J'ai ___________________________

____________________________ .

Je m'appelle ____________________ .

J'ai ______________________ ans.

J'habite en ____________________

____________________________ .

J'ai ___________________________

____________________________ .

Parle avec un(e) partenaire

Comment t'appelles-tu?

Je m'appelle ____________________ .

Quel âge as-tu?

J'ai ___________________________

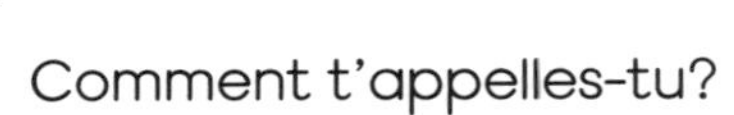

____________________________ .

Où habites-tu?

J'habite en ____________________

____________________________ .

Tu as des frères ou des soeurs?

J'ai ___________________________

____________________________ .

# Moi

Comment t'appelles-tu?

Je m'appelle ______________________ .

Quel âge as-tu?

J'ai ______________________ ans.

Où habites-tu?

J'habite en ______________________ .

Tu as des frères ou des soeurs?

J'ai ______________________ .

Tu as un animal?

J'ai ______________________ .

Comment t'appelles-tu?

Je m'appelle ______________________ .

Quel âge as-tu?

J'ai ______________________ ans.

Où habites-tu?

J'habite en ______________________ .

Tu as des frères ou des soeurs?

J'ai ______________________ .

Tu as un animal?

J'ai ______________________ .

Comment t'appelles-tu?

Je m'appelle ______________________ .

Quel âge as-tu?

J'ai ______________________ ans.

Où habites-tu?

J'habite en ______________________ .

Tu as des frères ou des soeurs?

J'ai ______________________ .

Tu as un animal?

J'ai ______________________ .

Comment t'appelles-tu?

Je m'appelle ______________________ .

Quel âge as-tu?

J'ai ______________________ ans.

Où habites-tu?

J'habite en ______________________ .

Tu as des frères ou des soeurs?

J'ai ______________________ .

Tu as un animal?

J'ai ______________________ .

**1** un
**2** deux
**3** trois
**4** quatre
**5** cinq
**6** six
**7** sept
**8** huit
**9** neuf
**10** dix
**11** onze
**12** douze

un chien
un cheval
un chat
un lapin
un oiseau

Londres
Paris
Angleterre
France

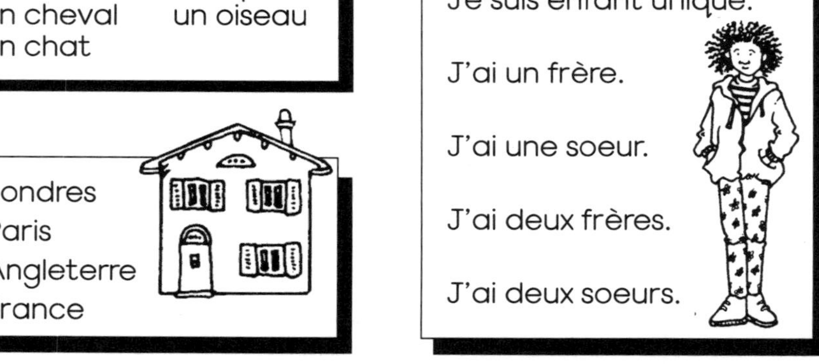

Je suis enfant unique.

J'ai un frère.

J'ai une soeur.

J'ai deux frères.

J'ai deux soeurs.


© Folens (copiable page)

# Les numéros

un

deux

trois

quatre

cinq

six

sept

huit

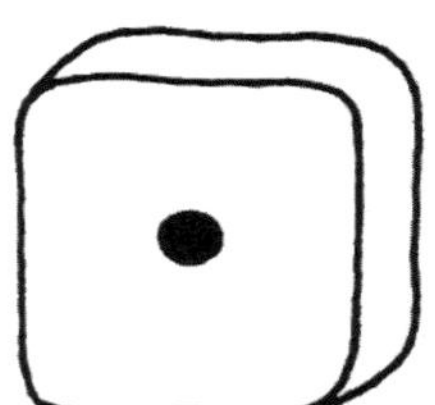

neuf

dix

onze

douze

# Les numéros

 +  = _ _ _

 +  = _ _ _ _

 +  = _ _ _ _ _

 +  = _ _ _ _

 +  = _ _ _

| | |
|---|---|
| **1** | un |
| **2** | deux |
| **3** | trois |
| **4** | quatre |
| **5** | cinq |
| **6** | six |
| **7** | sept |
| **8** | huit |
| **9** | neuf |
| **10** | dix |
| **11** | onze |
| **12** | douze |

Il y a __________ souris.

Il y a __________ poissons.

Il y a __________ maisons.

Il y a __________ oiseaux.

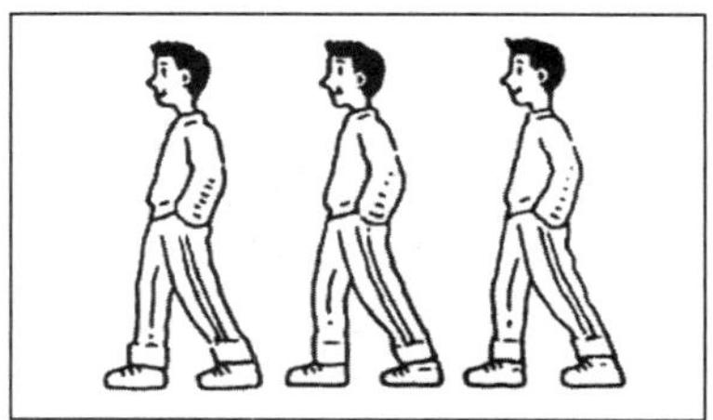

Il y a __________ garçons.

Il y a __________ chats.

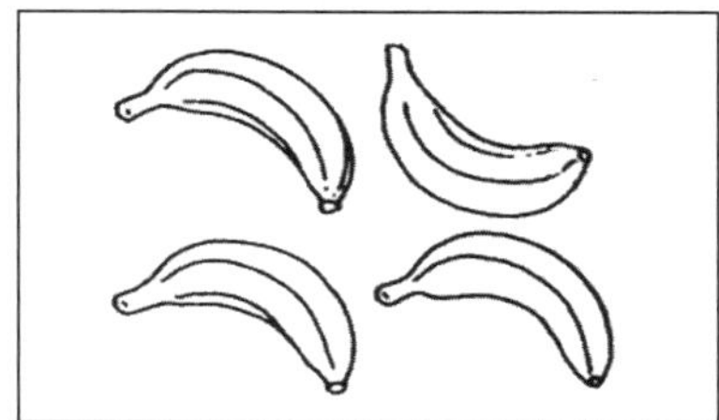

Il y a __________ bananes.

Il y a __________ filles.

Il y a __________ livres.

 © Folens (copiable page)

# Les numéros

Il y a __________ maisons.  Il y a __________ oiseaux.  Il y a __________ garçons.

Il y a __________ filles.  Il y a __________ chats.

| | | | | | |
|---|---|---|---|---|---|
| **1** un | **3** trois | **5** cinq | **7** sept | **9** neuf | **11** onze |
| **2** deux | **4** quatre | **6** six | **8** huit | **10** dix | **12** douze |

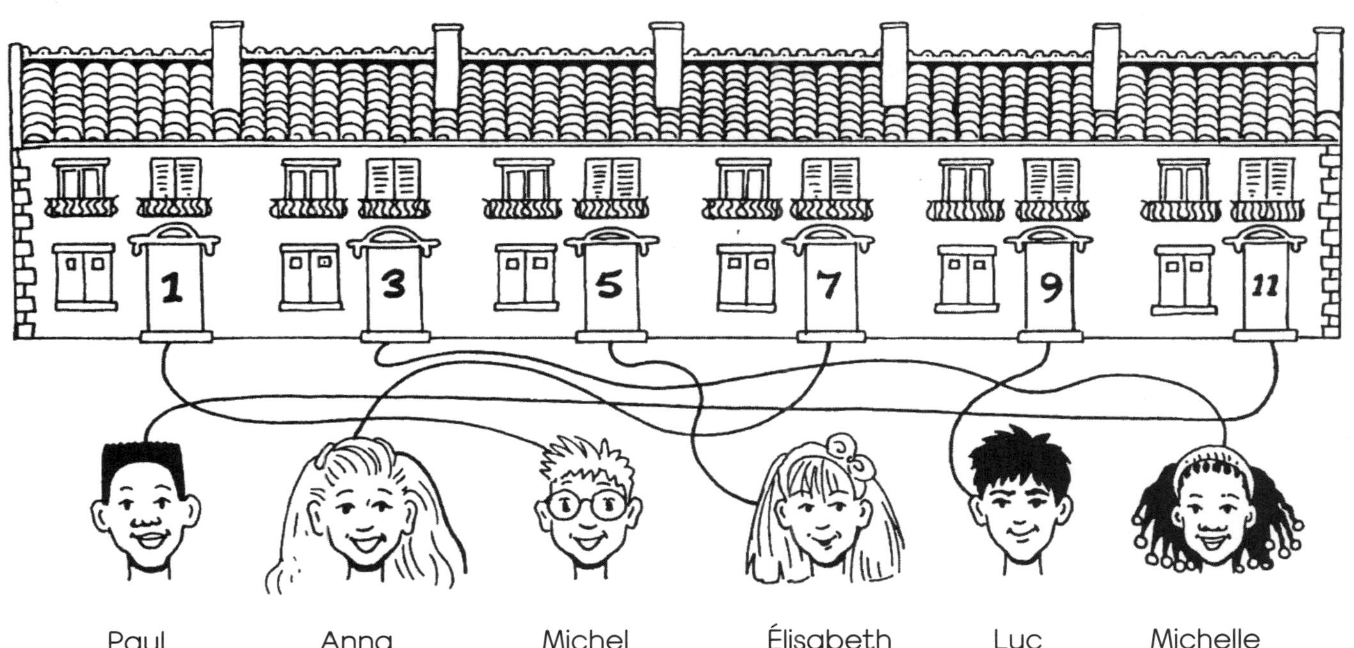


Paul  Anna  Michel  Élisabeth  Luc  Michelle

Élisabeth habite au numéro __________ .

Paul habite au numéro __________ .

Luc habite au numéro __________ .

Anna habite au numéro __________ .

Michelle habite au numéro __________ .

Michel habite au numéro __________ .

© Folens (copiable page)

# Les numéros

| | | | |
|---|---|---|---|
| dix | 16 | 13 | trois |
| dix-neuf | 10 | 18 | cinq |
| seize | 20 | 11 | onze |
| douze | 2 | 8 | un |
| vingt | 17 | 14 | dix-huit |
| quinze | 12 | 4 | quatre |
| deux | 7 | 6 | treize |
| sept | 9 | 3 | huit |
| dix-sept | 15 | 5 | six |
| neuf | 19 | 1 | quatorze |

Écris

| | | | | |
|---|---|---|---|---|
| un | deux | trois | | cinq |
| | sept | | neuf | |
| onze | | | | quinze |
| | dix-sept | | | |

 © Folens (copiable page)

# Les numéros

| | | |
|---|---|---|
| un | deux | trois |
| quatre | cinq | six |
| sept | huit | neuf |

# Les numéros

| | | |
|---|---|---|
| 1 | 2 | 3 |
| 4 | 5 | 6 |
| 7 | 8 | 9 |

 © Folens (copiable page)

# Les numéros

| | | |
|---|---|---|
| dix | onze | douze |
| treize | quatorze | quinze |
| seize | dix-sept | dix-huit |

© Folens (copiable page)

# Les numéros

| | | |
|---|---|---|
| 10 | 11 | 12 |
| 13 | 14 | 15 |
| 16 | 17 | 18 |


© Folens (copiable page)

# Les numéros

| dix-neuf | vingt | vingt et un |
| --- | --- | --- |

| 19 | 20 | 21 |
| --- | --- | --- |

| | | | |
| --- | --- | --- | --- |
| **0** zéro | **6** six | **12** douze | **18** dix-huit |
| **1** un | **7** sept | **13** treize | **19** dix-neuf |
| **2** deux | **8** huit | **14** quatorze | **20** vingt |
| **3** trois | **9** neuf | **15** quinze | **21** vingt et un |
| **4** quatre | **10** dix | **16** seize | |
| **5** cinq | **11** onze | **17** dix-sept | |

© Folens (copiable page)

# Les numéros

| | | |
|---|---|---|
| 30 | 40 | 50 |
| 60 | + | − |
| plus | moins | |

**30** trente

**40** quarante

**50** cinquante

**60** soixante


© Folens (copiable page)

# Les numéros

| | | | |
|---|---|---|---|
| quarante | 60 | 25 | quarante-deux |
| vingt | 30 | 31 | vingt-cinq |
| cinquante | 40 | 28 | trente et un |
| soixante | 20 | 39 | vingt-huit |
| trente | 50 | 42 | trente-neuf |

| | | | |
|---|---|---|---|
| 24 | | 61 | |
| 55 | | 15 | |
| 34 | | 32 | |
| 38 | | 46 | |
| 47 | | 52 | |
| 23 | | 29 | |

© Folens (copiable page)

# Combien?

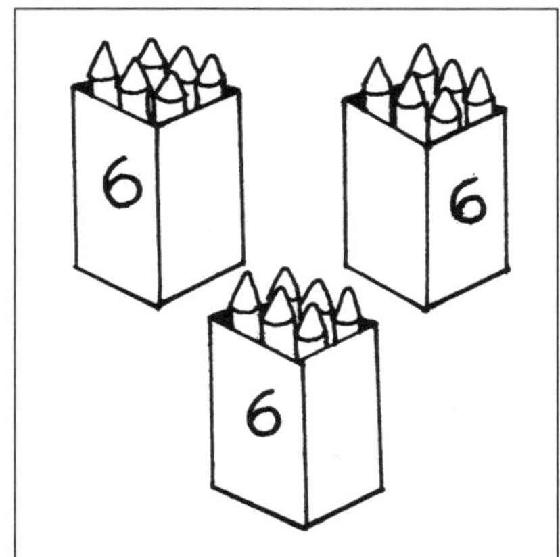


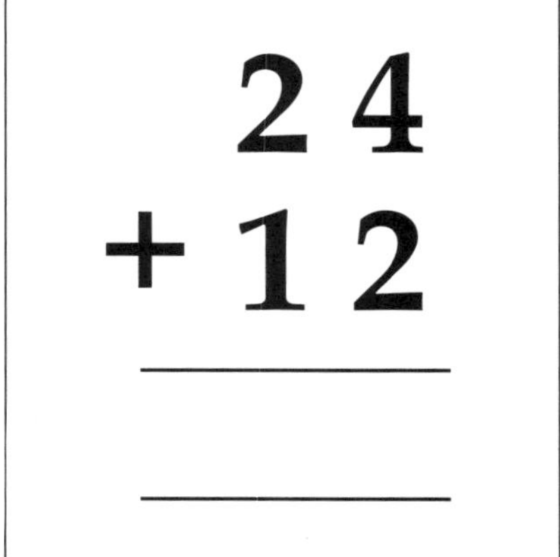

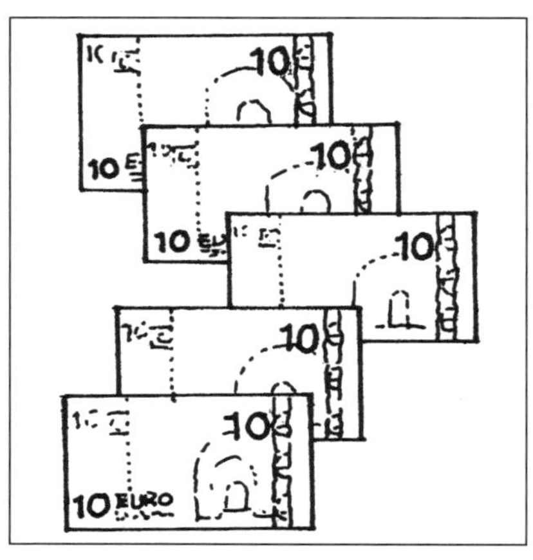


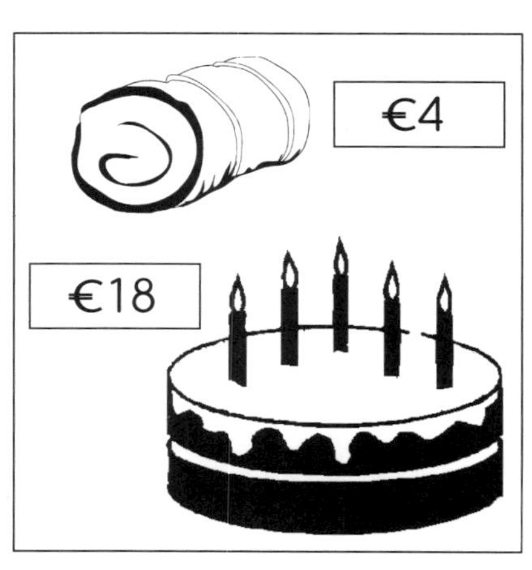

$$
\begin{array}{r}
48 \\
-\ \ 5 \\
\hline
\end{array}
$$

La classe

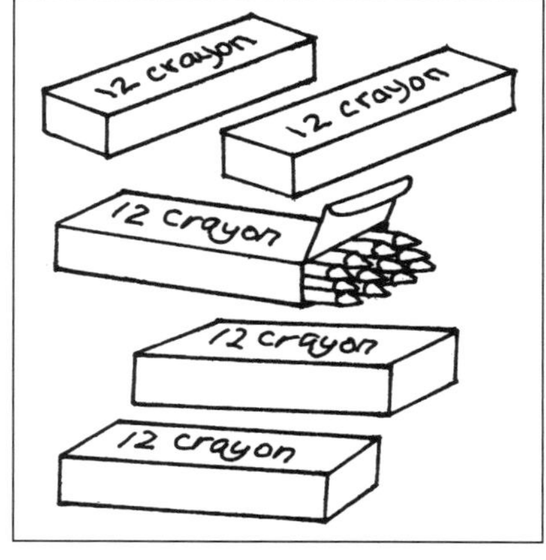




© Folens (copiable page)

# Lotto

| | | | |
|---|---|---|---|
| **1** | un | **11** | onze |
| **2** | deux | **12** | douze |
| **3** | trois | **13** | treize |
| **4** | quatre | **14** | quatorze |
| **5** | cinq | **15** | quinze |
| **6** | six | **16** | seize |
| **7** | sept | **17** | dix-sept |
| **8** | huit | **18** | dix-huit |
| **9** | neuf | **19** | dix-neuf |
| **10** | dix | **20** | vingt |

© Folens (copiable page)

# Les jours de la semaine

mardi

dimanche

lundi

jeudi

mercredi

samedi

vendredi

Les jours de la semaine

l ______________________

m ______________________

m ______________________

j ______________________

v ______________________

s ______________________

d ______________________


© Folens (copiable page)

# Quel temps fait-il?

il y a du brouillard

il y a du soleil

il y a des nuages

il fait beau

il neige

il fait chaud

il y a du vent

il fait froid

il pleut

il gèle

il y a de l'orage

il fait gris

© Folens (copiable page)

# Quel temps fait-il?

il fait ______

il y a du __________

il y a des __________

il ________

il fait ________

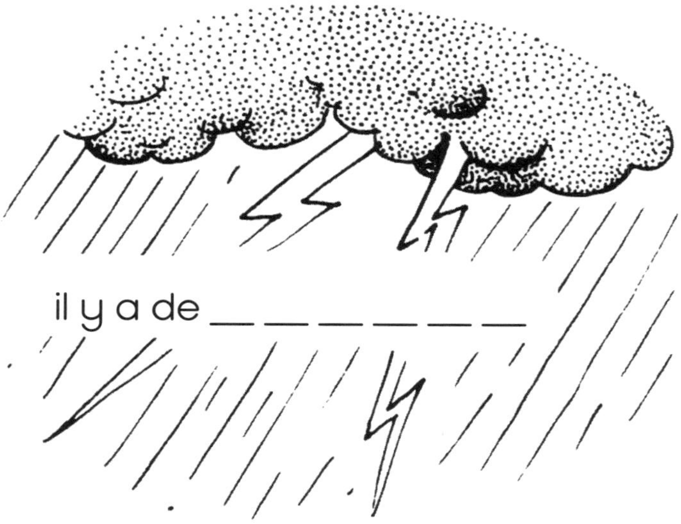

il y a de ________

il fait beau
il y a des nuages
il fait chaud
il y a de l'orage
il pleut
il y a du soleil

 © Folens (copiable page)

# Quel temps fait-il?

il fait froid
il y a du brouillard
il gèle
il y a du vent
il neige
il fait gris

# Les couleurs

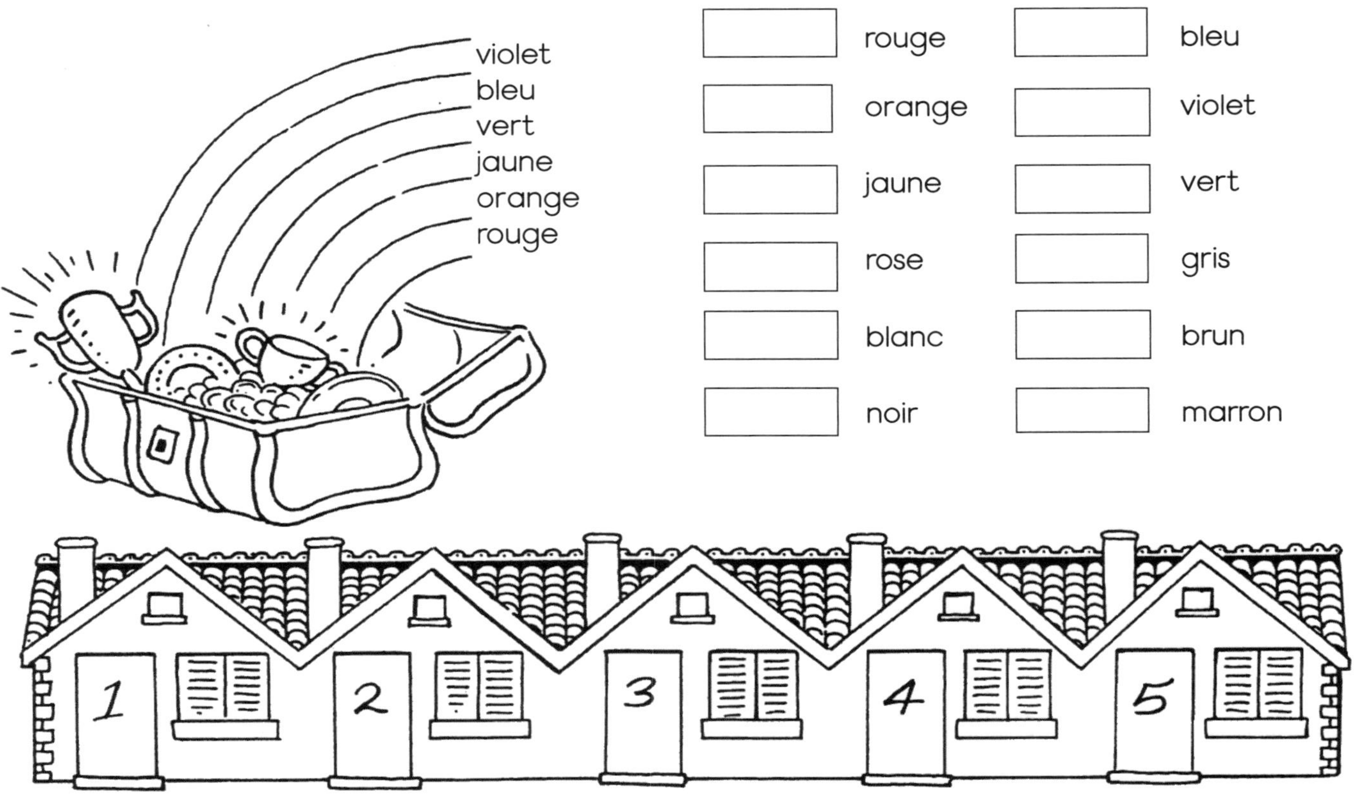


Le numéro **un** a une porte noire.

Le numéro **trois** a une porte verte.

Le numéro **deux** a une porte bleue.

Le numéro **cinq** a une porte jaune.

Le numéro **quatre** a une porte rouge.

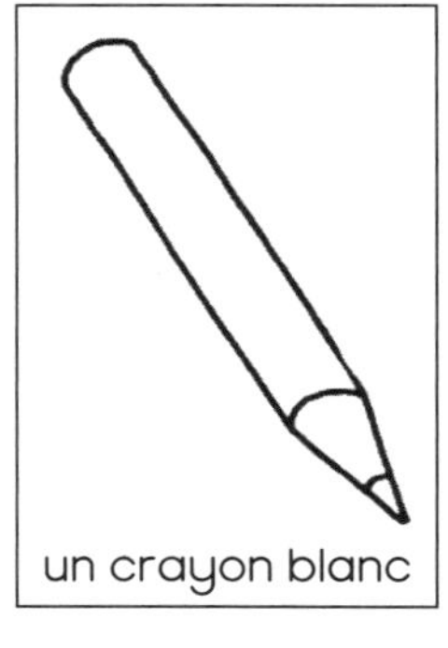
un crayon blanc

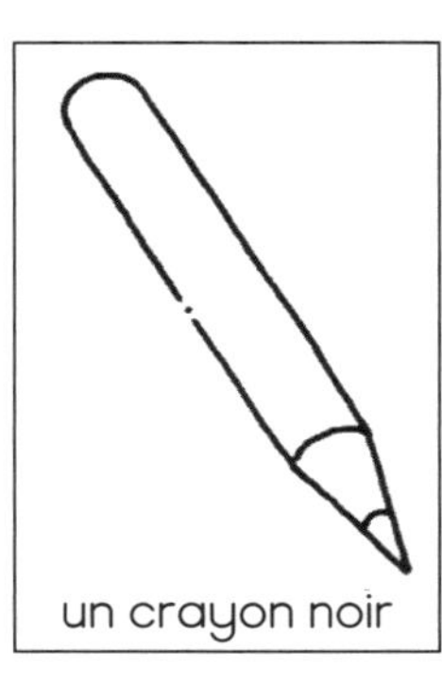
un crayon noir

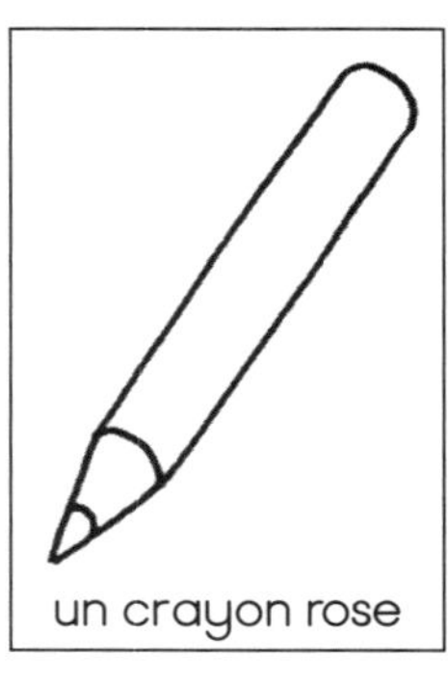
un crayon rose

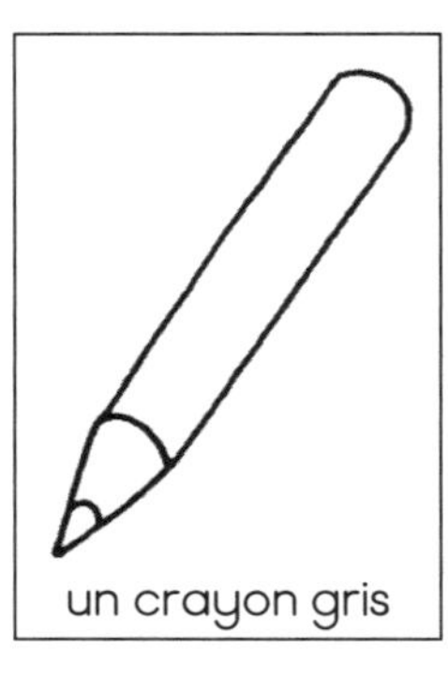
un crayon gris

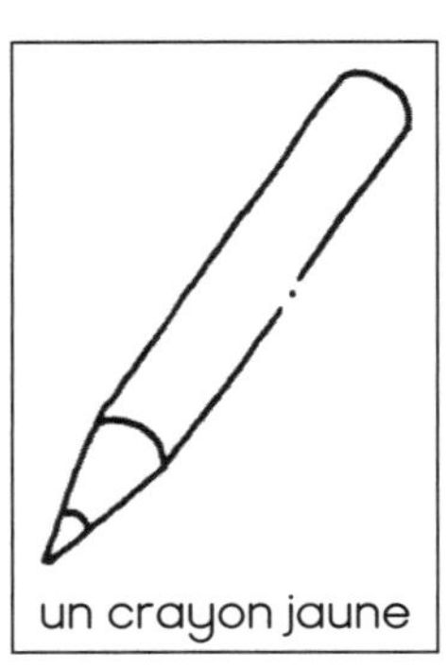
un crayon jaune

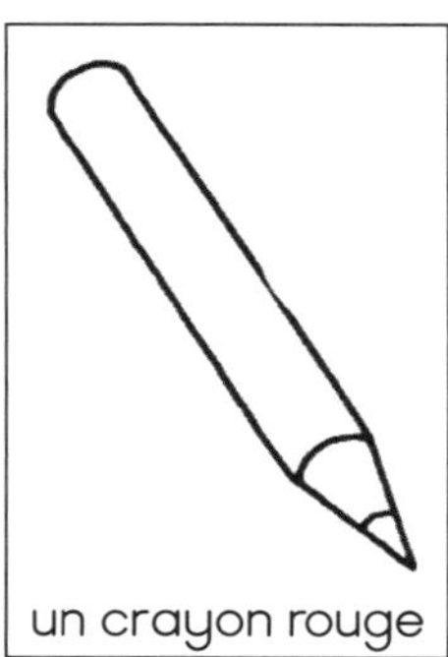
un crayon rouge

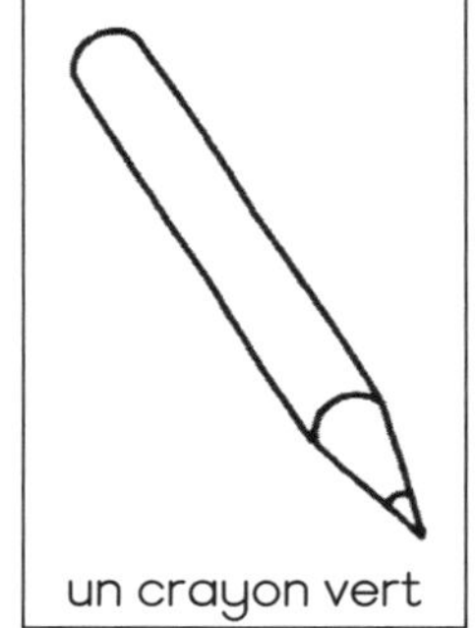
un crayon vert

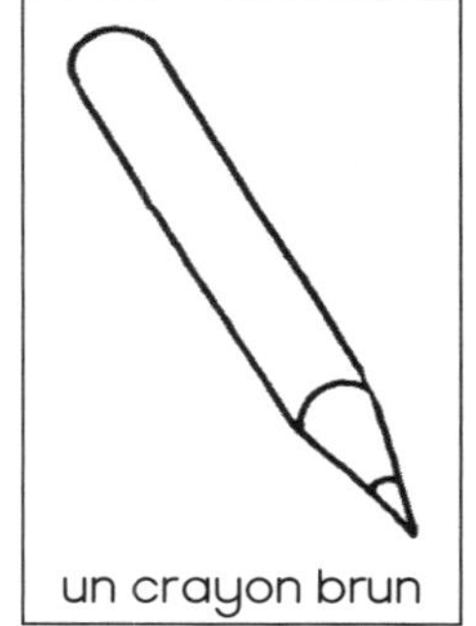
un crayon brun

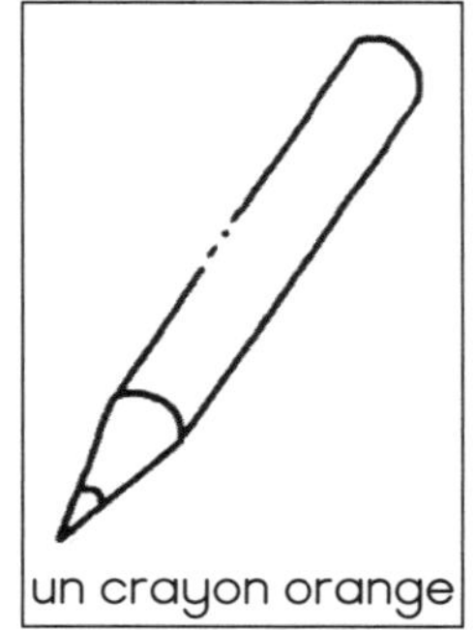
un crayon orange

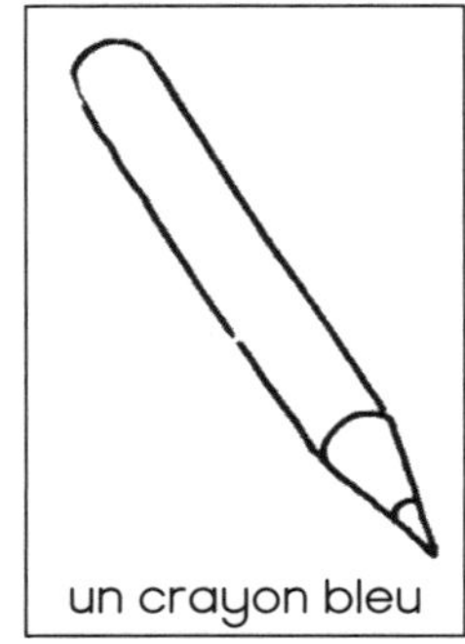
un crayon bleu


© Folens (copiable page)

# Les couleurs

J'ai un chien brun.

J'ai un chat noir.

J'ai un chien blanc.

J'ai un chat noir et blanc.

J'ai un lapin gris.

J'ai une souris blanche.

J'ai un poisson bleu.

J'ai un oiseau jaune.

J'ai un poisson rouge.

J'ai un cochon rose.

J'ai un cheval marron.

J'ai un chien blanc et vert!

# Les mois

_ e _ t _ _ _ _ _

_ a _ _

_ é _ _ i _ _

j _ _ _ _ e t

_ _ _

_ _ r _ _

j _ _ v _ _ _

_ _ _ t

_ _ _ o _ r _

_ é _ _ m _ _ _

automne

hiver

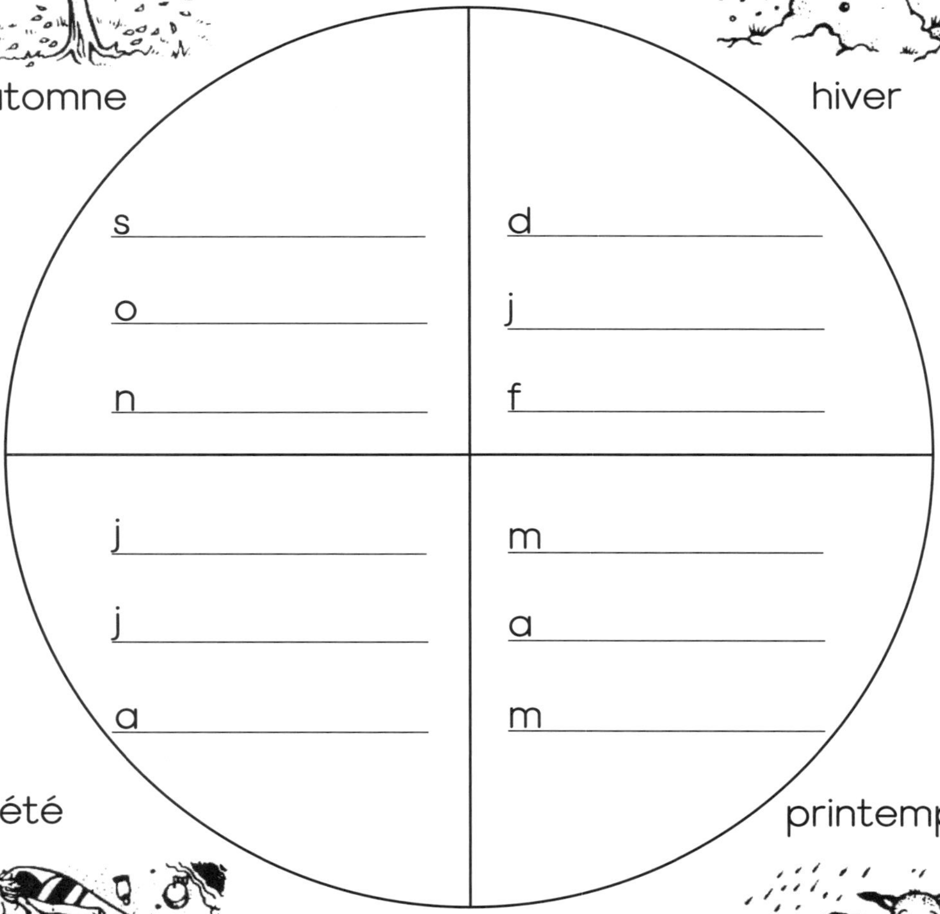

s __________

o __________

n __________

d __________

j __________

f __________

j __________

j __________

a __________

m __________

a __________

m __________

été

printemps

janvier
février
mars
avril
mai
juin
juillet
août
septembre
octobre
novembre
décembre


© Folens (copiable page)

# Les mois

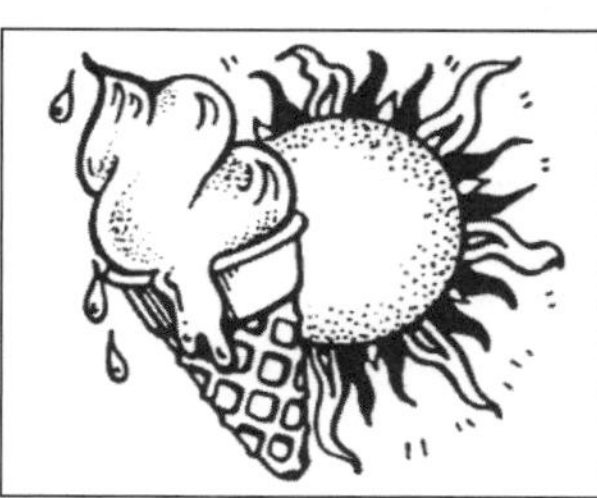

| | |
|---|---|
| janvier | juillet |
| février | août |
| mars | septembre |
| avril | octobre |
| mai | novembre |
| juin | décembre |

Quelle est la date de ton anniversaire?

Nom ______________________

Mon anniversaire, c'est le ______________

______________________________

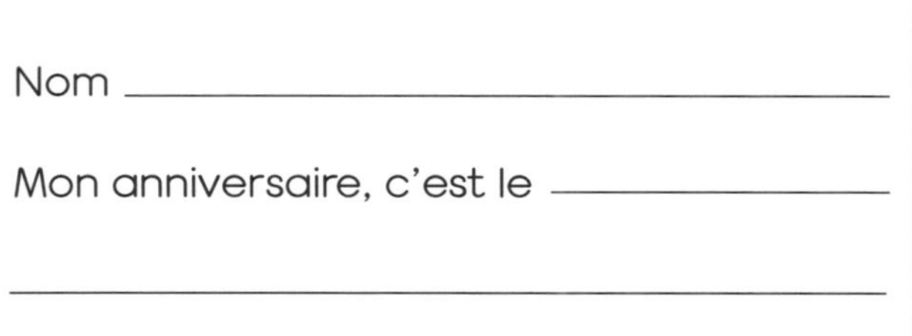

Nom ______________________

Mon anniversaire, c'est le ______________

______________________________

mai

Nom ______________________

Mon anniversaire, c'est le ______________

______________________________

juin

Nom ______________________

Mon anniversaire, c'est le ______________

______________________________

# La date

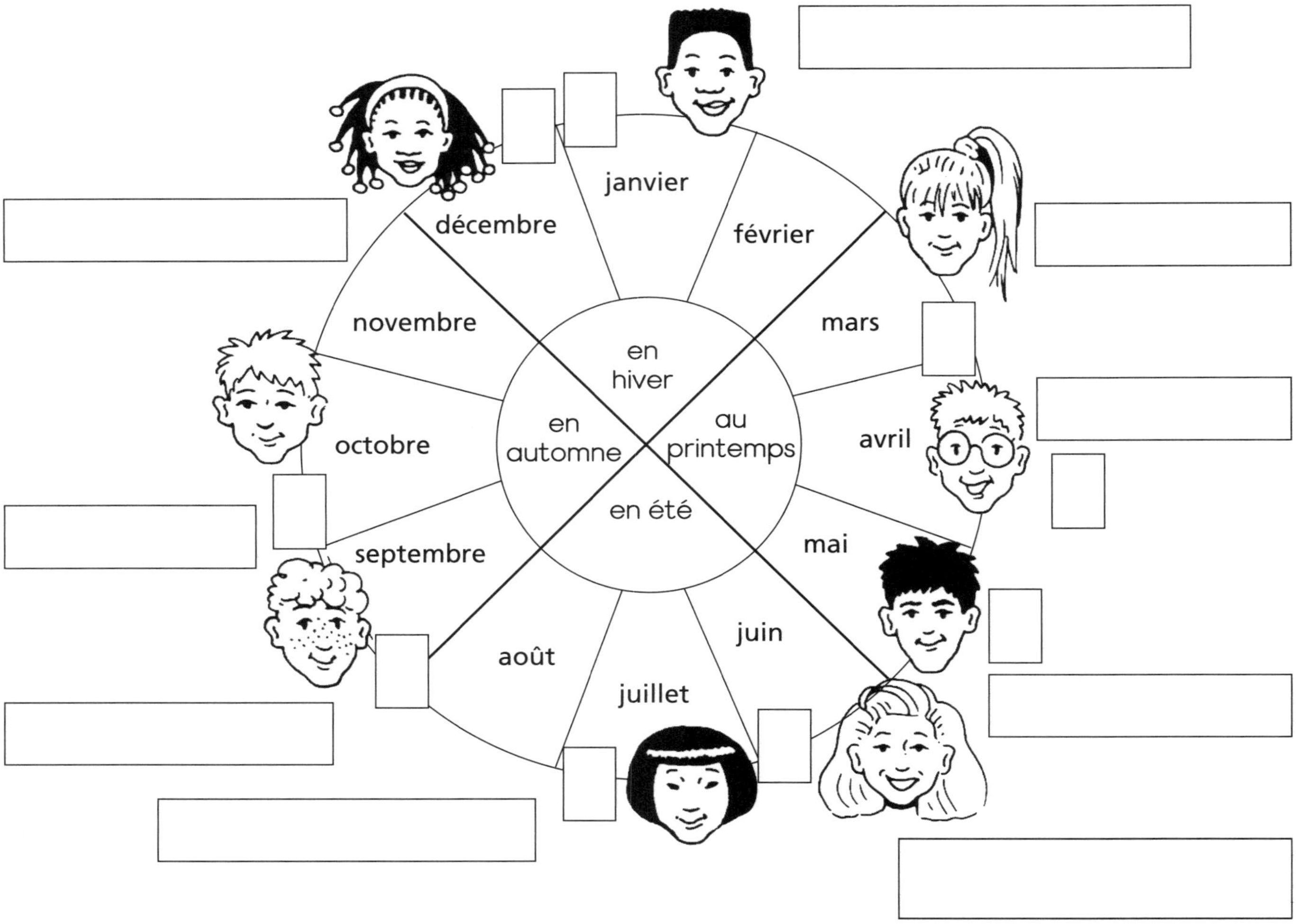

janvier
février
mars
avril
mai
juin
juillet
août
septembre
octobre
novembre
décembre

en hiver
au printemps
en été
en automne

**Sébastien** Mon anniversaire c'est le vingt-trois mai.

**Phillipe** Mon anniversaire c'est le seize avril.

**Étienne** Mon anniversaire c'est le quatre septembre.

**Pierre** Mon anniversaire c'est le premier janvier.

**Jeanne** Mon anniversaire c'est le douze juillet.

**Marie** Mon anniversaire c'est le vingt-trois décembre.

**Claire** Mon anniversaire c'est le trente juin.

**Alain** Mon anniversaire c'est le dix-huit octobre.

**Carole** Mon anniversaire c'est le cinq mars.

**Quelle est la date de ton anniversaire?**

Mon anniversaire c'est ______________________________ .


© Folens (copiable page)

# Ma maison

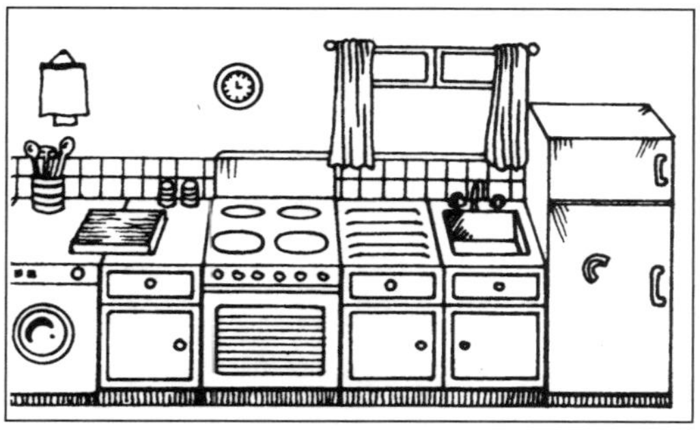

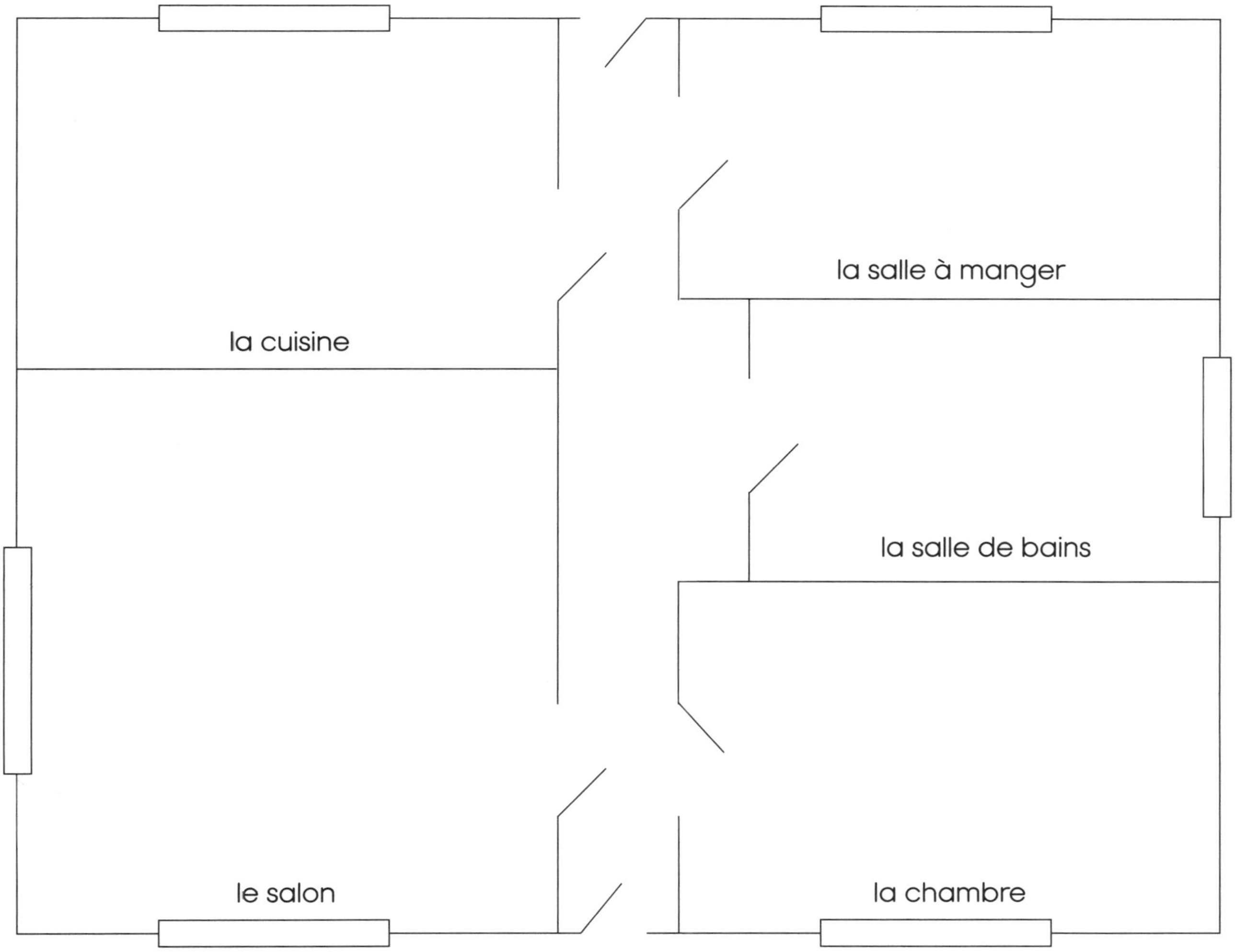

la salle à manger

la cuisine

la salle de bains

le salon

la chambre

# Ma maison

Voici ma maison.

Voici les pièces.

Il y a un ________________ ,

une ________________ .

une salle à ________________ .

trois ________________ ,

et une ________________ de bains.

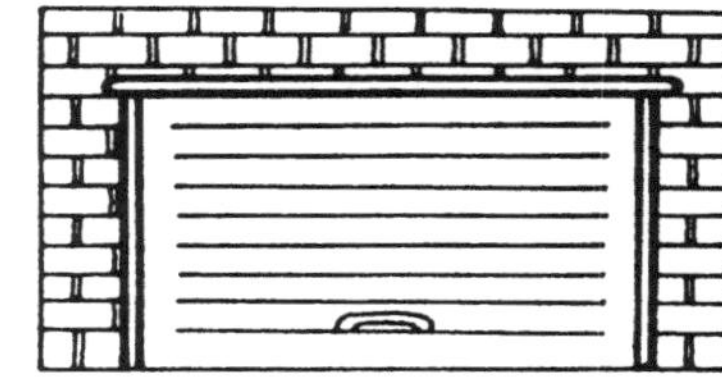

Il y a aussi un ________________ .

| | |
|---|---|
| cuisine | chambres |
| manger | salle |
| salon | garage |

 © Folens (copiable page)

# Où sont-ils?

Marie

Jeanne

Claire

Michel

Olivier

Georges

Jacques

Héloise

- la salle à manger
- la salle de bains
- la cuisine
- le salon
- la chambre

Où est Marie? *Elle est dans la salle à manger.*

Où est Michel? *Il est dans la cuisine.*

Où est Claire? ______________________________

Où est Olivier? ______________________________

Où est Héloise? ______________________________

Où est Jácques? ______________________________

Où est Jeanne? ______________________________

Où est Georges? ______________________________

© Folens (copiable page)

# Où sont-ils?

| | |
|---|---|
| la salle à manger | la salle de bains |
| la cuisine | le salon |
| la chambre | |

Où est le lit? *Le lit est dans la chambre.*

Où sont les quatre chaises? *Les chaises sont dans la salle à manger.*

Où sont les deux tables? ____________________

Où sont les quatre cassettes? ____________________

Où sont les trois posters? ____________________

Où sont les toilettes? ____________________

Où sont les livres? ____________________

Où est la télévision? ____________________

 © Folens (copiable page)

# Dans ma chambre

Il y a

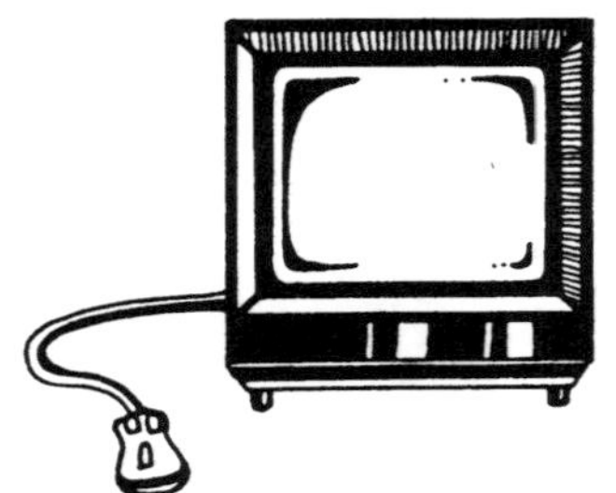

un bureau

une table

une commode

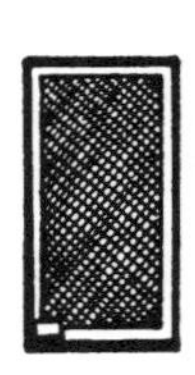

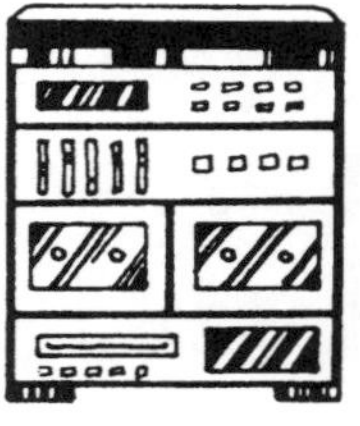

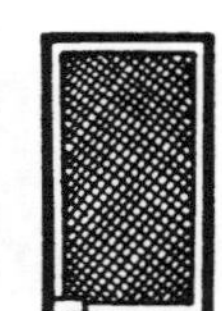

un lit

une lampe

une armoire

un fauteuil

une chaîne stéréo

un ordinateur

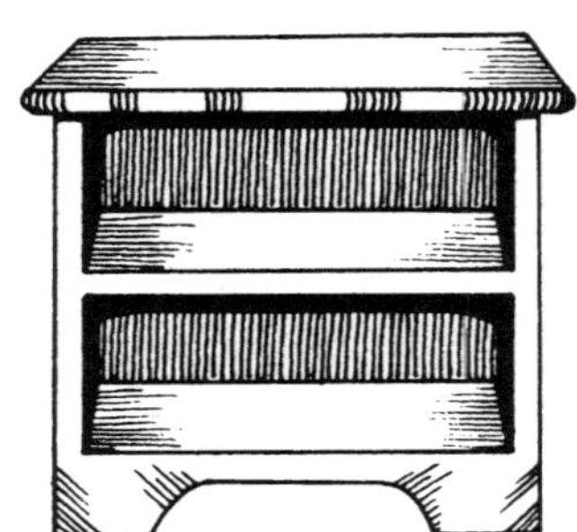

une étagère

une chaise

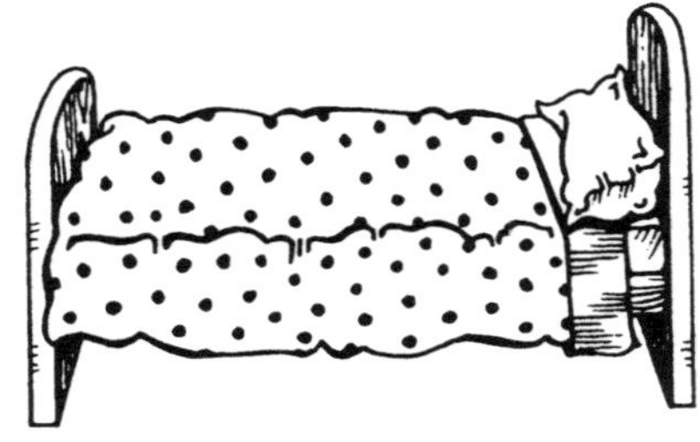

une télévision

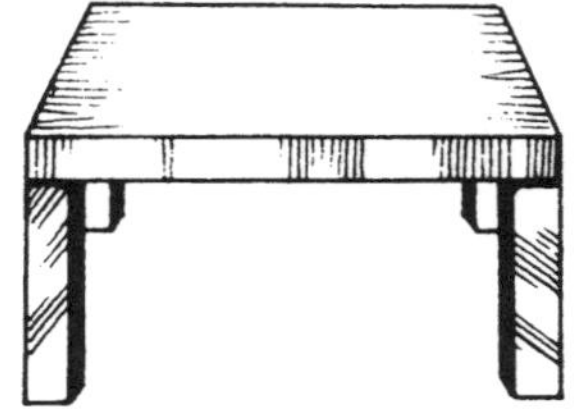

© Folens (copiable page)

# Dans ma chambre

Il y a

un réveille-matin

des magazines

des stylos

des posters

un radio-cassette

une porte

des livres

un tapis

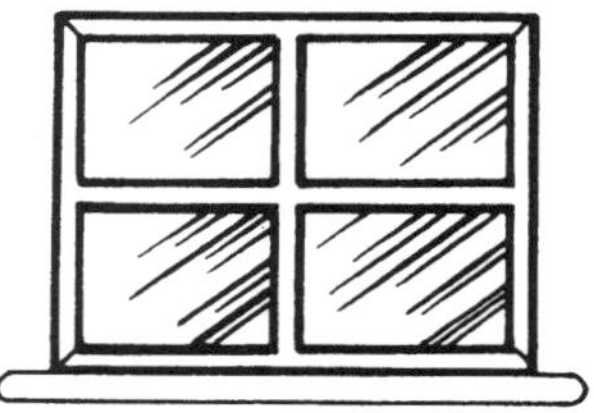

des cassettes

des rideaux

un sac

une fenêtre

© Folens (copiable page)

# Dans ma chambre

Dans ma chambre il y a

des livres
un sac
un tapis
un radio-cassette
des cassettes
des posters
une porte
un réveille-matin
une fenêtre
des stylos
des magazines
des rideaux

une étagère
une table
un lit
un ordinateur
une lampe
une chaîne stéréo
un fauteuil
une chaise
une télévision
une commode
un bureau
une armoire

© Folens (copiable page)

# Dans ma chambre

Dans ma chambre il y a

des livres
un sac
un tapis
un radio-cassette
des cassettes
des posters
une porte
un réveille-matin
une fenêtre
des stylos
des magazines
des rideaux
une étagère
une table
un lit
un ordinateur
une lampe
une chaîne stéréo
un fauteuil
une chaise
une télévision
une commode
un bureau
une armoire


© Folens (copiable page)

# Dans ma chambre

Qu'est-ce qu'il y a dans ta chambre?

Nom ______________________

Dans ma chambre il y a

______________________

______________________

______________________

______________________

______________________

Nom ______________________

Dans ma chambre il y a

______________________

______________________

______________________

______________________

______________________

Nom ______________________

Dans ma chambre il y a

______________________

______________________

______________________

______________________

______________________

Nom ______________________

Dans ma chambre il y a

______________________

______________________

______________________

______________________

______________________

| | | | |
|---|---|---|---|
| **1** | un | **6** | six |
| **2** | deux | **7** | sept |
| **3** | trois | **8** | huit |
| **4** | quatre | **9** | neuf |
| **5** | cinq | **10** | dix |

| | | |
|---|---|---|
| des livres | une fenêtre | une lampe |
| un sac | des stylos | une chaîne stéréo |
| un tapis | des magazines | un fauteuil |
| un radio-cassette | des rideaux | une chaise |
| des cassettes | une étagère | une télévision |
| des posters | une table | une commode |
| une porte | un lit | un bureau |
| un réveille-matin | un ordinateur | une armoire |

© Folens (copiable page)

# Useful words

| | | |
|---|---|---|
| **A** | **l'anniversaire** | birthday |
| | **une armoire** | a wardrobe |
| | **au bord de** | bedside |
| | **aujourd'hui** | today |
| | **au revoir** | goodbye |
| | **aussi** | also |
| | **l'automne** | autumn |
| | **avec** | with |
| **B** | **beau** | fine, beautiful |
| | **beaucoup** | a lot |
| | **bleu** | blue |
| | **le brouillard** | fog |
| | **blanc** | white |
| | **brun** | brown |
| | **un bureau** | a desk |
| **C** | **ça va?** | how are you? |
| | **une chaîne stéréo** | stereo system |
| | **une chaise** | a chair |
| | **la chambre** | bedroom |
| | **un chat** | a cat |
| | **chaud** | warm |
| | **chercher** | to look for |
| | **un cheval** | a horse |
| | **un chien** | a dog |
| | **un cochon** | a pig |
| | **un cochon d'Inde** | a guinea-pig |
| | **combien (de)?** | How much/many? |
| | **une commode** | chest of drawers |
| | **un crayon** | a pencil |
| | **la cuisine** | kitchen |
| **D** | **dimanche** | Sunday |
| **E** | **enfant unique** | only child |
| | **une étagère** | a set of shelves/ bookcase |
| | **été** | summer |
| **F** | **un fauteuil** | an armchair |
| | **une fenêtre** | a window |
| | **les filles** | girls |
| | **frère** | brother |
| | **froid** | cold |
| **G** | **un garçon** | a boy |
| | **geler** | to freeze |
| | **une glace** | an ice cream |
| | **gris** | grey |
| **H** | **habiter** | to live in |
| | **l'hiver** | winter |
| **J** | **jaune** | yellow |
| | **jeudi** | Thursday |
| | **les jours** | the days |
| **L** | **un lapin** | a rabbit |
| | **un lit** | a bed |
| | **un livre** | a book |
| | **lundi** | Monday |
| | **les lunettes de soleil** | sunglasses |
| **M** | **une maison** | a house |
| | **mardi** | Tuesday |
| | **mercredi** | Wednesday |
| | **moins** | minus, take away (in time – before) |
| **N** | **neiger** | to snow |
| | **noir** | black |
| | **les nuages** | clouds |
| **O** | **un oiseau** | a bird |
| | **l'ombre** | shade |
| | **l'orage** | storm |
| | **un ordinateur** | a computer |
| **P** | **il pleut** | it is raining |
| | **plus** | plus, add |
| | **un poisson** | a fish |
| | **une porte** | a door |
| | **une poule** | a hen |
| | **le printemps** | spring |
| **R** | **un réveille-matin** | an alarm clock |
| | **les rideaux** | curtains |
| | **roux** | red (of hair) |
| **S** | **la salle** | room |
| | **la salle à manger** | dining room |
| | **la salle de bains** | bathroom |
| | **la salle de classe** | classroom |
| | **le salon** | lounge, living room |
| | **salut** | hello |
| | **samedi** | Saturday |
| | **la semaine** | the week |
| | **soeur** | sister |
| | **le soleil** | the sun |
| | **une souris** | a mouse |
| | **un stylo** | a pen |
| **T** | **un tapis** | a rug |
| | **le temps** | the weather |
| | **trop** | too/over |
| **V** | **les vacances** | holiday |
| | **vendredi** | Friday |
| | **le vent** | the wind |
| | **vert** | green |
| | **une ville** | a town |
| | **la voiture** | the car |
| **Y** | **les yeux** | eyes |

 © Folens (copiable page)